Freudenfeuer

Ulla Hahn
Freudenfeuer

Gedichte

Deutsche
Verlags-Anstalt
Stuttgart

Als die Sterbenden, und siehe, wir leben…
als die Traurigen, aber allezeit fröhlich.

2. Korinther 6, 10

Nicht die Liebenden

Verzeihung

Ich verzeihe mir
jede Sekunde die ich
um dich geweint
alle Tage Monate Jahre
des Wartens das dich
gemeint

Ich verzeihe mir
jede Lüge jede
Täuschung die mich von dir
entfernte ich glaubte aber
ich näherte mich dir

Ich verzeihe mir
dich ich werde nichts
verloren geben ich gebe
dir was ich will
zurück was ich nicht will
Ich lebe.

Genug

Liebt ich ihn noch ich sähe
nicht wie sich das Licht
in den Seen bricht
Säh nicht den Morgen
im Mittag vergehn
Morgen aus Nachtarmen
auferstehn
Säh nicht die Blumen
sprießen und grün
in den Wiesen das Gras
aufblühn verglühn
Säh nicht die Schwalben
im hohen Flug hätte noch
immer von ihm genug.

Steuererklärung

Ja da war ich
mit dir hab ich da
gesessen gegessen vergessen
hab ich das längst
geglaubt. Arbeitsessen
schreib ich bei Anlaß
der Bewirtung da
hör ich dich lachen du
bestellst Apollinaris und ein
Chateaubriand legst
dir das Fleisch zurecht
ja es schmeckte dir immer
mir die Hand aufs Haar
ja es war schön es war preis
und wert nicht mal
hundert Mark. So
kamen wir billig davon.
Voll absetzbar.

Verdorrt

In diesem Sommer verkümmern
die wütenden Blüten der Eifersucht
unter der lebenden Sonne.
Wie flehentlich stecken sie ihre
welken Blätter zusammen rollen die
dürren Spitzen auf sammeln nahe
am Kelch alle Farbe zum letzten
Schrei. Erbärmlich
hängen die Köpfe betteln die Kelche
fallen mir nackt und geschrumpft
in den Schoß. Wie groß
standen sie mir noch vor kurzem
im Licht nahm ihr rasender Duft mir
die Luft weg. Jetzt steck
ich mir eine vertrocknete Knospe
hinter den Spiegel: Erinnerung.
Warnung.

Drinnen

Beschlagene Fensterscheiben
Drinnen ich. Allein.
Froh nicht untern Wind gebeugt
auf dem Weg zu dir zu sein

Nichts zu sehn nichts
zu fühlen von dem
was draußen vergeht.
Es tut drinnen weh
da wo sich einmal
etwas nach dir gesehnt.

Falle

Das Trauerjahr ist um.
Die sieben andern auch.
Froh bin ich froh.
Mein Fleisch lag roh
mein Blut schoß viel
zu schnell und regelwidrig
zwischen Kopf und Bauch
die kreuz die quer. So
rann ich leer
bis mir ein dickes Fell
aus Haaren die ich ließ
und abgetragenen Tagen
wuchs unsichtbar allen
die noch nie sich aus
der Falle rissen.

Verwünschte Erlösung

Auftritt das Paar sehr groß
sehr klein mitten ins Leben
Soeben hing er noch zu Pferd
im Buschwerk sie wusch
Wäsche im Bach an der anderen
Wand. Seine Hand greift
tagsüber ins Leere fällt
jetzt aus dem Rahmen ihr
um den Hals: Verschossene Leiber
aus Samt und Seide
bis daß der Tag erwacht. Dann
verschwinden sie wieder
in ihrem Gobelin. Jeder
in seinem.

Zwei Boten

Durch die runden Dörfer sind sie gefahren
wochentags wenn sie keiner sah
Vor ihnen neigten die Pappeln die Äste
Nichts war ihnen unsichtbar

Auch das Ende sahen sie kommen
krausgespiegelt im Bach
sie hielten sich ruhig am Ufer
und sahen sich selber nach.

So weit

Ich hab vor leeren Sesseln keine Angst
sie stehn im Saale der Erinnerungen
als Requisiten abgetanes Leben
Ich lebe auf seitdem ich dich vergaß

Jetzt steht ein anderer mitunter vor der Tür
Ich laß ihn ein und in mein Bett
und fahr ihm durch das Haar
wie du es tatst bei mir

Du bist mir lieb wie ein Gedicht ein Bild
das immer eigener wird mit der Zeit
Du bist ein Stück von mir und alles
andre ist längst vergessen. Ist wie du so weit.

Weise

Meine müden Wörter kommt legt euch
warm nah zu mir nieder singt mir
ein paar alte Lieder wiegt mich
leicht betrügt mich nicht

Laßt mich leise mit euch summen
lernen wie mans macht daß sein Herz
aus Stein sich auftut diese
eine Nacht

Lehrt mich Weisen die ihn preisen
übern grünen Klee daß ihm
wenn er bei mir liegt
was er war vergeh

Lehrt mich seine Augen schließen
vor der Welt bis still
er nur das noch unter Lid zieht
was ich will

Schöne Verse lehrt mich daß
er bei mir vergißt
daß für jeden der bei mir liegt
aller Tage Abend ist.

Nicht die Liebenden

Nicht die Liebenden fliegen im Wind.
Einer des anderen Klotz am Bein
beschweren sie paar
weise ihr luftiges Ich. So
wachsen sie zwischen Himmel und Erde
geraten sie aus dem Gleichgewicht.
Taumeln. Fallen
über die eigenen Füße in
Wälder und Wiesen ein
über das andere her.
Krallen sich zeugend fest
an der Welt.

Aber die Einsamen: Unerreichbar allen
Sorten von Chloroform
hängen sie in der Luft
wurzeln im Raum wirbeln
im freien Fall um sich selbst
sich selbst verdoppelnd. So
bleibt ihnen die Erde leicht
verweht sie der Wind
von ihrer Stätte nie und immer
am Ziel.

Für den

Für den einen
der meine Tränen trank
für den andern
in den mein Trübsinn versank
für diesen
der mein Verrücktsein ertrug
für jenen
der mein Unglück erschlug
für den
der mich bis aufs Blut geküßt
für den
an dem ich vergehen müßt.

Zusage

Bleib bei mir
damit dir nichts geschieht
meine Atemzüge
dein Wiegenlied

Ich halt dich fest
ich laß dich los
bei mir bist du sicher
in Abrahams Schoß.

Als er zurückkam

Als er zurückkam mein Freund mein Geliebter
blaß mager mich in den Arm nahm
begriff ich augenblicks daß er sterblich ist
mitten in seinem lebendigen Kuß. Wie noch nie
versicherte ich mich seiner Lippen der Zunge
ja mir war ich müßte mein Leben einfauchen
dem der mich so warm und verläßlich umschloß.
Wunder gebaren mir plötzlich all seine vierzig
Jahr alten Arme und Beine seine schöne Brust
sein Bauch sein Geschlecht sah ich mit eigenen Augen
nach Jahren so wie sie sind. Nein ich liebte ihn nicht
wie beim ersten Mal blindlings verschlossen. Nein ich liebte ihn
offenen Auges Blutes mit allen Kräften zum ersten Mal.
Seither denke ich anders an ihn wenn er nicht bei mir und
bei mir ist: er ist ein sehr kostbarer sehr vergänglicher Mensch.

Füreinander zu singen

Für M. P.

Sein Händedruck sagt ihrer Hand
Jetzt bin ich da. Nur müde.
Laß mich ganz bei dir sein
als wäre ich allein

Ihr Mund sagt seinem Nacken
Ja. Ich weiß was war und ist
Ich bin auch dann bei dir
wenn du alleine bist.

Brot und Salz

Du hast kein Haus gebaut
Bau denn auf mich

Und keinen Baum gepflanzt
Leg dich in meinen Schatten

Kein Kind gezeugt
Nimm mich in deinen Arm

Laß mich dein Brot und Salz der Erde sein.

Petersiliensommer

Guckkastengedicht

Da fließt ein Bach
da blüht ein Baum
da saust Gebraus
und aus
der Traum geht
weiter steht ein
Haus Rauch steigt
und fein
verneigt der Herr
sich vor den
Damen. Amen.

Petersiliensommer

Zögernd beginnt dieser Sommer mit
Sandelholz Marmelade und
Petersilie die könnte er immer
essen wir sie mit den nackten
Männern und Frauen die aus den Steinen
plätschern winden wir dem
der sie schuf den krausen Kranz
Setzen grüne gefranste Segel all
abendlich übern Spumante hinter
roten Pforten versinken wir in
Petersilie und Mohn
Morgens streichen wir durch entadelte
Gärten fletschen glücklich
unser grünes Gebiß
Hahnenfuß Löwenzahn Hirtentäschel und
andere niedere Pflanzen
verschmäht er schreit Peter
silie wird wild da suchen wir
hinter jedem Busch Baum bis
in die Zirruswolken färben wir
grün ein himmlischer Vorrat
wir fressen uns durch diesen Sommer
wird uns die Petersilie
das Wasser im Mund nicht vergehn.

Katzenmusik

Kann ich nachts nicht schlafen streck
ich mich wie die Katz
Zwölfe auf ein Dutzend Kerle
hätten bei mir Platz

Hätten Platz in meinem Bett meinem
Herzen auch
diesem superstretch barmherzgen
Gummischlauch

Fänden dort in jeder Kammer einen
Kasten Bier
Karten- Glücks- und andre Spiele
hättens gut bei mir

Augen Mund und Ohren müßten sie mir
halten dicht
Alle will ich lieben nur
den ich liebe nicht.

Am Strand

Da waren tausend Wellen oder mehr
Gestirne als genug es ging ein Glanz
voll Licht der Venus auf uns nieder
du rücktest mir zurecht die losen Glieder
Du suchtest. Fandest. Ich fand. Hinterher
wars Zeit um einen Fischgesang zu singen
napoletanisch schunkelte der Mond
lauttönend Erz und lustgewohnte Schelle
Glühwürmchen schossen sich wie schnelle helle
vertane Küsse durch den Rest der Nacht.

Wetterlage

In diesem Klima für Engel schießt
die Sehnsucht aufs Paradies
ins Kraut komm wir legen uns quer
beet da sprießt mir du gießt
ihn wonniglich links aus der
Schulter ein Flügel den deinen
saug ich dir rechter Hand aus der Haut
Halleluja wir halten
zusammen heben wir ab
flitzen wir durch den Sommer holder
Knabe im lockigen Haar komm
spiel mir was vor.

Eibe

Dieser Sommer fällt mit wilden
Rosen fällt mit wildem Lachen
fällt mit wilden Augenblicken
über mein Erinnern her

Jagt mich in den warmen Schatten
hoher grüner Mauerreste
wirft mich nieder reife Feigen
mir ins Maul

Schläfert mich im Takt des Blutes
Takt der Eibe ein
legt voll Lust sich leichthin lässig
über mich die Welt.

Alles ganz

Alle Welt hat mich vergessen
schüttle nur den Kopf Zypresse
der am Telefon ist schon
seit drei Tagen nur noch frei

zeichen und ich hab hier
alles was zum Glück ich
brauche hab ich alles ganz
für mich allein.

Sommer

Schon hat er den Tiber fast ausgesoffen
die braunen Haare der Frauen gebleicht
die ersten Blätter zu Boden gezwungen
die Rosen nach ihrem Geheimnis zerwühlt
Was hat er gefunden
im stickigen Schlamm in knisternden Haaren
im schnaubenden Staub
Daß jeder Anfang ein Rühmen ist und
jedes Ende ein Raub.

Allerleirauh

Heller Mondschein aufschwebt
aus den weißen Säulen die
weiße Anzugsjacke geht auf
geht unter vorbei. Allerlei
Wehmut bricht rauh
mir durch die
Dienstmädchenseele sehnt sich
nach einem scharfen Befehl.

Sommergras

Zwischen weißen Wolkenfischen
schleicht ein Jumbo Jet auf Zehen
spitzen Grillen ihre Ohren
schalten in den hohen Wiesen
Rasenmäher auf Gesang
Nichts und niemand will uns
stören alles jedes uns betören
wenn wirs unter uns
beschwören daß der Himmel
offen steht.

Terracotta

Sommer aus Zypressen
aus gebranntem Ton
Bin davongekommen
komm nochmal davon

Wirft im Baum das Käuzchen
seinen Schrei nach mir
stapeln sich die Briefe
auf dem Tisch von dir

Dunkelheit und Stille
überfüllen mich
Bin davongekommen
wohin weiß ich nicht

Radschlagen

Keiner will den der
vor der Tür steht
schon morgens im Gras
klebt den Rosen
schlottern die Blätter vom Leib

Astern trompeten es bimmeln
Vogelbeeren und Trauben. Den Bäumen
tanzt der Wind auf dem Kopf
Hochauf schlagen Dahlien Rad

Alle reissen sich noch
einmal zum Leben zusammen. Dann
wäscht der Regen sie aus diesem Jahr.

Mizzichina

Für Giusi und Costantino

In dieser Stadt wo
die Pferde Hüte tragen die Fische
Schwerter Gerichte klingen
wie ein Auftakt zum Tanz
wandern die Bäume die Wurzeln
schlagen in die Kronen zurück

In dieser Stadt leben manche
in pharaonischen Mansarden essen
kleine Haie die Eier vom Stier
Legt sich der männliche Teil nachts
auf die Rosenkranzbäuche der Frauen
schwitzt tut Maria die Ehre an

In dieser Stadt suchen Straßen
züge Ordnung zu schaffen versammeln
an einer Kreuzung den Frühling den Sommer
den Herbst. Winter auch die alte Vettel
bricht trotz der Hitze überall ein
legt ihre greisen Wunden offen

In dieser Stadt die nicht lieben darf
wer hier geboren ist
kann sich nie mehr lösen von ihr.

Im Meer

So bleib bei mir umgib von allen Seiten
mich mach mich uferlos und weich
und leicht. Ich hab den festen Boden fahren lassen.
Du hast gewartet. Ich hab dich erreicht.

Weit hol ich aus. Die Arme Beine
fassen dich nicht. Mit jedem Atemzug
will ich dich näher zu mir kommen lassen
versinke ich in dir in nassem Flug.

Du hältst mich nicht. Du schließt
mir wieder was du mir auftatst
einen Augenblick hebst mich
ans Licht empor in salzigen Wirbeln
legst du verläßlich mich zu mir zurück.

Lauter

Ach wie bin ich geheilt
Lauter Jubel um Augen und
Ohren lauter Lust zu leben so
wie ich bin. Lauter Freude
am wachsenden Haar verweht
mir unterm Wasser lauter
Umarmung mit Sonne dem Meer
mit der Luft. Lauter Sehnsucht
alles immer fester zu fassen
lauter Staunen nichts in den
Armen zu halten als mich.

Große Nummer

Mein roter Mond geht auf auf
geht der Mann der Löwen Löwen
mäulchen geben kann

Mein Herz saust durch die Rippen
und zerfällt in Neonsterne unterm
Zirkuszelt.

Widerwillig

Versengt vom Sommerende keucht das Land
unter der Sonne die noch immer
ihr zottlig Feuer spuckt und allen
Schatten verschlingt am Abend
Verlängerung gewährt und
kühle Gnade.

Dieser Sommer

Dieser Sommer lehrt mich
meine Narben zu lieben
mich zu schmücken mit Würgemalen am Hals

Dieser Sommer lehrt mich
alle Bitterkeit zu verschließen das macht
mich schön prall und rund wie gesund

Dieser Sommer lehrt mich
bel canto aufzuschrein

Dieser Sommer lehrt mich
daß die Einsamkeit in zwei Armen
ruht und gedeiht

Dieser Sommer lehrt mich
einen verfügbaren Körper nicht zu verwechseln
mit dem Verlangen nach Glück

Dieser Sommer lehrt mich
ein Wasserspiegel zu sein für jeden Stein

Dieser Sommer lehrt mich
riesige Seifenblasen zu lieben und kleine
bevor sie zerplatzen

Dieser Sommer lehrt mich
daß alles ohne einen
selbst weitergeht

Dieser Sommer lehrt mich
ein zufrieden gefrorenes Gesicht

Dieser Sommer lehrt mich
ich schlage selbst die Trommel
wenn ich tanzen will

Dieser Sommer lehrt mich
ohne Glück ohne Trauer sekundenlang
Gottes Bundesgenossin zu sein

Dieser Sommer lehrt mich
morgens aufzuwachen. Dankbar. Allein.

Dieser Sommer lehrt mich
das Blatt vom Zitronenbaum duftet nur
zwischen den Fingern zerrieben.

Köstlich

Aus lauter Liebe

Ja danke ich lebe vom Unglück recht
gut laß ich mir was ich nicht hab schmecken
in Tagen voll Nacht Räumen ohne Wand
will ich was es nicht gibt entdecken:
Luft zum Atmen in alle Ewigkeit
Sätze die sagen wies war
Menschen ohne Angst vor der kommenden Zeit
Aus lauter Liebe ein Paar.

Winterregen

Laß mich in diesem Regen nicht allein
viel Traurigkeit zieht mich zu Grund
schwer wiegt was es nicht gibt
das möcht ich sein
Laß mich in diesem Rauschen nicht allein

Laß mich in diesem Rauschen nicht allein
ich höre stumme Stimmen nach mir werfen
sie schon lange Sätze brennend
hart aus Stein
Laß mich mit diesen Stimmen nicht allein

Laß mich mit diesen Stimmen nicht allein
die Ohren haben Hände Füße Münder
reißen mich auf und kriegen
mich ganz klein
Laß mich allein mit mir mich nicht allein.

Wiedergänger

Ich habe Angst er kommt. Er trägt
das Messer nicht heimlich
offen in der Brust. Mein Stich
traf ungenau sein Herz
schlägt weiter versorgt mit Blut
die Glieder ihm in jeder Nacht
wenn er aufwacht und umgeht
nach mir späht und hinterrücks
mich zu der Seinen macht.

Verrannt

In den starren Dornenranken
hänge ich hängt fest das Leben
kann nicht Hände Füße rühren
reife Beeren fallen nieder fallen
anderen in die Töpfe mir
in Nacken und Gesicht.
Märchen gibt es die erzählen
daß in alten Zeiten manchmal
einer kam der nahm die Seine
samt den Dornen in sein Herz.

Ein Kind

Der Himmel strömte auf die Erde nieder nachts
und legte mir in meinen Schoß ein Kind
mit Sternenaugen Dunkelhaut sein Mund
geschwungener Mond daraus ein Käuzchenschrei
nach mir der Mutter rief. Ich drückte
seinen kühlen Leib an mich ich stillte
küßte hielt in meinen Armen nichts.

Erlöst

Tagsüber gelingt es mir noch
mich zusammenzuhalten und stumm
Nachts aber wird mein Wort
Fleisch schreit nach Fleisch um
gibt mich mein fleischernes
Laken im Fleischbett Kissenfleisch
Fleisch schweißnasses Traumfleisch
Schwanzfleisch Flossenfleisch
messerscharf fleischerne Küsse hoch
zeitlich Fleisch schreiend Fleisch
alles Fleisch ein Fleisch
bis daß der Tod uns scheidet.

Leises Licht

Ganz leise leise leise geht das Licht
den ich nicht kenne geht an meiner Seite
wir gehen wie ein Paar auf schöne Art
und scheu schau ich ihm manchmal ins Gesicht

das neben meinem liegen wird wenn alles Licht
gegangen ist wird er an meiner Seite
mich lieben wie ein Mann auf schöne Art
und treu und bleiben und es gibt ihn nicht.

Ophelia

Schöner Fluß löst mir all mein
Haar dunkler Hochzeitskranz
Leckst mir in die Ohren den
kitzligen Nabel drückst mir
blasige Küsse aus Nase und Mund
Schwingst meine Brüste verströmst dich
beständig vor und zurück
All mein Fleisch all dein Wasser
Winden und Winseln
wie wollen sie eins sein in dir.

Sonderangebot

Guten Tag ich bin das Vergnügen
ich bin nicht groß aber da.
Ganz meinerseits wie lange
bleiben Sie – ein Jahr?

Werde sehen wie Sie mich
halten. Ich gehe mit der Zeit.
Beiläufig möchte ich fragen
Was sind Sie zu zahlen bereit?

Wieviele Tage des Lebens
werfen Sie mir in den Schlund
Umsonst ist der Tod den lege
ich Ihnen ganz sanft in den Mund.

Köstlich

Wie reizend wie nett bitte nach Ihnen

Aber ja die Emanzipation ist ein
Donnerstagsvormittagsdamenkränzchen
Alle bringen etwas zum Knabbern mit

Greifen Sie zu ich bin so frei bitte bitte

Gewiß küßt Ihr Mann meine Liebe nicht
schlechter als Ihr Labrador

Nein danke die Linie Sie verstehen

Müßte hier nicht ein Dichter die Liebe beschwören
Aber die Mücken die Mücken stören

Meine einzige liebe gnädige Frau

Bitte Frau Doktor H.
Ich lese Sie liebe Sie lobe Sie labe Sie lechze
nach Ihren Gedichten zum Tee Teegebäck

Besten Dank

Neugeboren

Schöner Funkenflug ich bin
heute über mich gesprungen
Über beinah vierzig Jahr und
hab mir ein Lied gesungen

An

Meiner Wiege das ist bis
heut noch keiner Fee gelungen
Schaut mich an: Ich bin
Drei Brüder Fundevogel Königskind
Tischleindeckdich Eselstreckdich
und die Gänsemagd.

Die erste Liebe

hat allen Dreck aus der Welt gefegt
Sonne und Mond mit Bildern belegt

ist durchs Feuer geflogen
hat nur wahr gelogen

hat fliegende Fische zum Singen gebracht
einen Kranken gesund gemacht:

der erhängte sich später am eigenen Gurt.

Aufgepaßt

Spiel mit es kostet dich
ein Lachen nur rund um
die Uhr lachhafte Ewigkeit:
Wer spielt muß lachen. Reiß
dein Maul auf! Beiß
die Zähne fest zusammen
schlagen sie dich gleich
wenn du nicht aufpaßt
und weinst.

Martinsmonat

Tage: die eine Stunde
weiß nicht was die andere tut
Unnützes Kramen in Wörtern
Keines tut gut

Hier unten leuchten die Sterne
Friedhofslichter von Grab zu Grab
Ich rufe den an und jeden
Niemand nimmt ab

Ich zieh mir den Mund auseinander
vom einen zum anderen Ohr
Und denke ich käme besser
auf dieser Welt nicht mehr vor.

Ergriffen

In die Fenster greift der Morgen
und der Himmel greift die Sonne
um die Mitte seine Frau

Greift mich aus der starren Nacht
aus den weißen Leinentüchern
schlüpf ich wieder in den Tag

Und ich seh ihn schon von weitem
kommen diesen in den Magen in den
Bauch ins Herz den nächsten gutgezielten Schlag.

Brautpaar auf einem etruskischen Sarg

Was wollen ihre Hände halten? Zeit
Ihr Lächeln gilt? Dem der sie ihnen nahm
Was bietet er ihr auf der flachen Hand?
Was es nicht gibt auf Erden: Liebe. Lauter.

Homoöpathisch

Zogst mir Nacktheit über den
nackten Leib als ich fror
hülltest du mich in
Kälte ein als ich müde war
nahmst du dir meinen Schlaf
Du stilltest meinen Hunger
mit Hunger tränktest mit
Durst meinen Durst.
Wenn das Telefon klingelt
und niemand sich meldet
dann bist du dran.

Firlefanz

Was ich ergreife fällt mir aus der Hand
in Scherben eine Welt saust
nach der anderen an mir herunter
bricht sich das Genick. Mein Fuß
verbrennt was er betritt. In Asche
schlepp ich mich vorwärts vorwärts.
Was er berührt mein Mund vermodert
meinen Augen verglüht das
was sie sehn und deckt
mir die Pupillen zu. Vor meiner Nase
zerstäubt was übrigblieb
zum Firlefanz nichts bleibt bei Trost
und alles ganz
beim Alten.

Lügen

Diese dürren Jahre haben mich nackt gemacht

Zeit schälte mich und Kummer aus meinen Hülsen
Meine warmen Lügen zerschmolzen mir Nacht für Nacht

Aber wer kann eine Lügnerin ohne Lügen ertragen.

Auf Erden

Schöne Landschaft

Mitunter tut sich
der Himmel auf
zeigt sein Geheimnis
im Spiegel der Erde
Zeigt uns was
wir noch übrigließen
von der Erde die einmal
sein Ebenbild war.

Bald

Wenn die ersten Blätter fallen
steht der Sommer noch auf festen
Füßen in den vollen Beeten
gibt er Gurken und Melonen
noch den letzten sanften Tritt

Tritt verliebt und auf der Stelle
will nicht vor kann nicht zurück
bis die ersten Winde kommen
kalt von Morderinnerungen
und die warme Welt ein Schauer
überläuft der bald erstarrt.

Kurz vor Schluß

Die Erde in Rot getaucht
Erntelicht brennt im Nacken
Ich beuge ihn zu den Wörtern
Blut und Rosen

Für Stunden noch gibt uns die Sonne
mildernde Umstände in den Wolken
verschwimmen die Luftschlösser des Sommers

Ich atme die Lieder der letzten
Zugvögel ein: Wind und Staub
Die Luft ist voller menschlicher Stimmen.

Verkündigung

Über den Himmel spazieren
die ersten Frühlingsblumen

Es riecht nicht mehr nach Schnee
und noch nicht nach Haut

Kleine Schulkinder wirbeln sich
durch die knusprige Luft landen sacht
vor den Füßen der Mutter die ihnen
Kniestrümpfe aber keine kurzen Hosen erlaubt

Frohe Botschaft verkündet die Amsel
ihr engelisches Lied quillt aus allen
Zweigen der Welt so
sollte es vor und hinter den Fernsehkameras sein.

August

Stechginster und Farn zu grün
die Bäume Nägel mit Köpfen im
himmlisch blauen Metall

Rasche Vögel verwirren die Luft
lassen sie zittern überm Asphalt
band silbern aus fremden Ländern

Bald wachsen die Häuser zurück
ins Moor verschilft ihre Dächer
von allen Störchen verlassen

Alles riecht nach dem Lauf der Dinge
für einen Augenblick löst die Zeit
ihren Klammergriff.

Allüberall

Gleich über der Erde beginnt
der Himmel schaukelt mein Fuß
ihn rauf und runter mit jedem Schritt
nimmt er ihn mit aus dem
Tau aus den Haaren der Frau
in ein Krankenzimmer kläglichen Schweiß
Tänzerinnen scheinen ihn mit Händen
zu greifen Sänger führen ihn im Mund
falsche Propheten mühen sich
ihn auf Flaschen zu ziehn
Er aber geht jedem ein und aus
der hellen Luft in die dunklen
Lungenflügel strömen ihn allzeit
für alle überall aus.

Immergrün

Jetzt wird es höchste Zeit
die Träume einzusammeln
nicht nur die leichthin
abzulösen sind. Die schweren
leeren sitzen tiefer längst
der Haut verwachsen gut
genährt mit wahrem Blut. So
wuchern sie sich wirklich
in mein Leben: Efeu am Baum
der immergrün erstickt.

Fortschritt

Langsam bewahre ich mir
ruhiges Blut. Friede
auf Erden in jeder
Manns Armen.
Vorm Fenster verliert
der Baum sein Laub.
Erhöbe ich mich
allein oder mit einem
von deiner Sorte
ich sähe wir sähen
das Dach
vom Bunker aus
dem letzten Krieg.

Vergeigt

Natürlich schreibe ich anders
im Frühling: die schneeweißen
Briefe zerschmolzen. Eis: Kugeln
mit Geschmack

Jedes Auge ein kleiner Gott
über Grün und Blau und
hymnische Telephondrähte

Aller Welts Ohren verlangen
nach Liedern getrommelt
gepfiffen Solo im Chor

Wir tanzen nach den ersten
Blättern grün vergnügt aus uralten Bäumen

Geigen sie: Hier sind wir.
Wir sind hier. Tanzen wir.
Hier sind wir. Hier.

Verdächtig

Ich bin der Stille verdächtig:
Seit Wochen schweige ich meine
Wörter in die Knospe einer Rose

Gute Worte schöne Worte Liebesworte
auf ihre Echtheit geprüfte Worte
Kinderworte Vogelworte leicht und wahr
Mitworte Mutworte: sie muß
in der Wirklichkeit aufgehn
Marsch Mord Musik in der Luft

Ich bin eines fremden Geruchs verdächtig:
Die Rose beginnt aus meinen Wörtern zu atmen.

Uhrwerk

Ein paar Tage noch quillt
der Briefkasten über
klingelt das Telefon
Auch die Rechnung kommt
noch einmal und die
Erste Mahnung für die
Lebensversicherung
Im Kühlschrank verderben
die Vorräte. Der Mülleimer stinkt.
Nutzlose Luft legt sich
als Staub auf Schreibmaschine
und Staffelei Kippen Kleider die
Quarzuhr läuft weiter jedes
Rücken ein Herzschlag
ein Hohn.

Wort halten

Ich kam zu spät. Das warme Bett
war leer. Sperrangel
weit standen beide Fenster offen.

Händedrücken mit vielen Leuten.
Fremde. Für persönliche Dinge
war der Plastiksack da.

Den Gang entlang rollten rosige Arme
die Wagen mit Schonkost. Wir stiegen
zum Keller hinab. Das letzte Fach unten rechts.

In diesem weißen Tuch
das ihr der Sohn um Kopf und Kinn gebunden
sah sie fast wie auf ihrem Hochzeitsfoto aus.

Ich roch den Fliederstrauß
auf ihrer starren Brust.

Bettelweib

Eine milde Gabe
schöne Dame schöner Herr
ach bitte eine milde Verbrennung mit Öl
vom Ewigen Licht ach bitte
schöner Herr schöne Dame
ein mildes Blutabwaschen
von meinem Mund
ach bitte eine milde Silbe
für die Wüste auf meiner Zunge
einen milden Laut
eine milde Lüge.

Sonnenwind

(Für L.)

Nein er bleibt nicht
lang bei dir nein
er bleibt bei keiner
Ihm gehts gut
bei dir genau
wie bei irgendeiner

Weine endlich
Gib die Angst
vor der Trauer auf
Sei dein eigenes
Sonnenwindrad
Lauf.

Frauen

Frauen in mittleren Jahren
fahren den jungen durchs Haar
als streiften sie ab was gewesen
und nicht gewesen war

Frauen in mittleren Jahren
fühlen sich wieder verwandt
ihren Müttern die nehmen sie
wie ein Kind an die Hand.

Besuch

Geruch von Kölnisch Wasser
hängt in den Gardinen. Hier
saß sie eben noch zurückgelehnt
in zaghaftes Erinnern zog
unsichre Kurven durch ihr kleines Leben
von Schwarzbrot voll und Rüben
Kraut und Quark mitunter einem
Nachtigallenschlag dünn aus den
Büschen bei den Komposthaufen.
Da träumte sie noch ohne Schlaf
tabletten in den neuen Tag
verschossen und vorbei wie
der von gestern

Hier saß sie und
ich nahm nur widerwillig
ihr die Gespenster ab
geschabte Onkel Tanten
Brautbett Wiege Sarg auf mich

Sie fuhr ganz klein nach Haus
am späten Vormittag den Schienen
strang entlang. Die Wolken
standen still. Ich zog mich um.

Sagt sie

Eine reine Freude sagt meine Mutter
und meint die Kirschen im Korb
Eine reine Freude Iß Kind iß
was du kannst
Aber wasch sie vorher und
nicht zuviel trink kein Wasser
drauf paß auf die
Würmer auf.

Aufgewachsen

Daher der Reim
Von den Wellen am Rhein
konnte eine nicht ohne die andere sein

Im Frühjahr stiegen sie warfen
Augenpaare nach mir aus dem Schlamm

Kopfweiden am Ufer kaum höher als ich
aber zähe alte Luder warnten mich
Schau nicht hinein

und war längst in ihnen versunken.

Worte

Worte sagt wahr und tanzt
in die Reihen zeigt euch
dem schönen Zwang zugeneigt
Steigt aus den Träumen uns
in die Ohren beugt unsern
Blick vor dem was in der Welt
uns in Weinen und Lachen zerfällt.

Poetischer Vorgang

Als ich erwog du
durch er zu ersetzen
verriet ich dich ans Papier

Als ich du sagte
weil er schlechter klang
machte ich dich unsichtbar

Als ich der schrieb
fiel ihm und dir nicht auf
was wirklich geschah.

Sirene

Die Tage langgezogenen Heulens sind zu Ende
Nun gut die Augen haben schwarze Ringe
und sehen doch in eine Welt der Dinge
die aus den irren Jahren wieder aufersteht

Vom langen Warten ist die Luft erstarrt
Es tut noch weh mich wieder zu bewegen
den Tagen neue Lieder aufzuprägen
die ich nur in mir selber finden kann.

Ein neuer Morgen

Ein neuer Morgen läutet übern Schnee
Die Nacht ließ mich aus ihren scharfen Zähnen gehn

Die Wolken steigen hoch darunter ich
Ein Stück davongekommene zähe Natur.

Dinggedicht

Wenn wir sie lange anschaun
und schweigen reden die Dinge
noch lange nicht aber sie regen
sich dehnen sich wanken
wandern in sich hin und her
Nein sie kommen nicht auf uns zu
aber sie lassen sich blicken
geben die harten Ränder frei
willig auf schwellen wie Knospen
wie Blüten zur Frucht.
Furchtsam bewundern wir ihre Wandlung
ihren sinnlosen Willen zum Leben
und wir greifen nach ihnen
als schlügen sie uns
unseren Tod aus der Hand.

Im Museum

Am Hals würgt mich der Schmuck
aus den Vitrinen
zieht mir die Bronzehand
den Knochenkamm durchs Haar.
Ein Gürtel der einst
teilte einen Leib der
sich im Tanze bog in Liebe krümmte
schnürt mir die Rippen ein.
Nach meiner Hand
greift da ein Krug spricht
Trink gib du dein Leben
dem der aus mir trank er
wartet schon auf dich.

Aus

Pegasus ist zum Nordpol
gerannt und vereist

Phönix ist ins Feuer
geflogen verbrannt

Sphinx hat ihr Rätsel verraten
Harpyien wurden als Hähnchen gebraten

Der Tod blies dem Teufel das Lebenslicht aus.

Auf Erden

Gelassen schau ich diesen Himmel an.
Natur. Natürlich fallen mir Vergleiche ein.
Ein Alpenveilchentöpfchen könnt es sein
was hochhinaus am Horizont erglüht.

Es ist mir trotzdem kalt. Die Wiesen weiß
vereist. Die Sonne schwach. Aufs Autodach
fiel Schnee und auf die Felder fallen
strenge Metaphern ohne Reim herein.

Die Krähen schrein. Natürlich ziehn
sie schwirren Flugs zur Stadt. Wer
keine Heimat hat schaut sich
den Himmel an.

Freudenfeuer

Kommet zu Hauf Ostern ja
dann alles was morsch ist
Hochauf stieben die Funken
freche Ketzer Engel des Lichts

Psalter und Harfe wacht auf
wir gehen für uns durchs Feuer jeder
mit seinem eigenen Vorrat an Mord

Laßt uns den Lobgesang schüren
solange wir leben sind wir
zum Feuer verurteilt zum
Jüngsten Gericht: Jeden Tag.
Jetzt.

Anmerkungen

»Mizzichina« ist ein Ausruf des Erstaunens
wie »Ach!« oder »Och« in der sizilianischen
Umgangssprache.

80 Die Wörter »Rose« – »Knospe« (als das
Werdende) – »Wort« entstammen der
indischen Wurzel v-r-t. Dies erfuhr ich aus
dem Buch »Nada Brahma. Die Welt ist Klang«
von Joachim Ernst Berendt.

97 »Nur unser Zeitbegriff läßt uns das Jüngste
Gericht so nennen, eigentlich ist es ein
Standrecht.« Franz Kafka. Der Jüngste Tag ist
nicht in unvorstellbar ferner Zukunft: er
ist nicht das Weitest-, sondern das Nächstliegende.
Der Jüngste Tag ist immer jetzt.

Nicht die Liebenden

Petersiliensommer

Köstlich

102

Auf Erden

CIP-Kurztitelaufnahme der Deutschen Bibliothek

Hahn, Ulla:
Freudenfeuer: Gedichte/Ulla Hahn –
3. Auflage, 16.–18. Tsd. –
Stuttgart: Deutsche Verlags-Anstalt, 1989
ISBN 3-421-06277-3

© 1985 Deutsche Verlags-Anstalt GmbH, Stuttgart
Typographie: Hans Peter Willberg, Eppstein
Satz aus der »Goudy Catalogue«:
types, Stuttgart
Druck und Bindearbeit:
Wilhelm Röck, Weinsberg
Printed in Germany